AF396294

LA
LOI ÉLECTORALE

ET LE

SCRUTIN DE LISTE

PAR

R. LAMIRAULT

AVOCAT

PARIS

LIBRAIRIE ANDRÉ SAGNIER

9, RUE VIVIENNE, 9

PRÈS LA BIBLIOTHÈQUE NATIONALE

—

1875

PRIX : **1** FRANC

LA

LOI ÉLECTORALE

ET LE

SCRUTIN DE LISTE

b 57
5430

PARIS. — IMP. NOUV. (ASSOC. OUV.), 14, RUE DES JEUNEURS
G. MASQUIN ET Cᵉ

LA
LOI ÉLECTORALE

ET LE

SCRUTIN DE LISTE

PAR

R. LAMIRAULT

AVOCAT

BIBLIOTHÈQUE NATIONALE
R. F. R.
IMPRIMÉS

DÉPOT LÉGAL

PARIS

LIBRAIRIE ANDRÉ SAGNIER
9, RUE VIVIENNE, 9
PRÈS LA BIBLIOTHÈQUE NATIONALE

1875

LA

LOI ÉLECTORALE

LE

COLLÉGE DE DÉPARTEMENT

ET LE

SCRUTIN DE LISTE

—

I

Nulle question n'offre plus d'intérêt. C'est la loi électorale qui fortifie ou altère la souveraineté nationale. C'est par le mode de scrutin, que l'exercice des droits du peuple est sauvegardé ou amoindri. C'est à l'organisation ou à la désorganisation de ses comices qu'on reconnaît si une nation est libre, ou bien si elle ne s'appartient pas.

La liberté électorale est la première de toutes. Sans elle, un peuple n'a qu'une souveraineté nominale. La puissance effective est dans les mains des hommes qui, confisquant cette liberté pour leur plus grand avantage, s'en attribuent exclusivement tous les bénéfices, et, sous le prétexte de réglementer le droit, prennent la licence d'en capter l'exercice.

Feraient-ils autre chose, ceux qui prétendent substituer, aux choix spontanés des électeurs, ces candidatures imposées qu'on appelle agréables, ministérielles ou officielles ; ceux qui songent à créer des colléges de fantaisie et des circonscriptions maniables ; ceux qui se préparent à exploiter des intérêts et des rivalités de clochers au détriment de la fortune et de l'unité de la patrie française ?

Que les politiques qui méditent cette usurpation y prennent garde. Ce n'est pas avec l'aide des vieilles arguties qu'ils pourront triompher de la liberté électorale. Il n'y a plus de sophismes qui puissent prévaloir contre des faits justifiés par une longue expérience.

Montesquieu a dit :

« Comme la division de ceux qui ont droit de suffrage est une loi fondamentale, la manière de le *donner* est une autre loi fondamentale. »

Cette opinion, bonne en elle-même, a cependant besoin d'être amendée. Le droit d'un peuple à nommer des représentants ne saurait lui être *donné*. Ce droit ne peut qu'être reconnu, constaté, car il remonte à la source de toute société humaine. S'il existe des nations qui, maintenant encore, n'ont pas une représentation, c'est qu'elles ont été dépouillées de leur droit. Elles sont non pas gouvernées, mais violentées.

Il n'y a qu'une manière de reconnaître le droit électoral, c'est de l'appliquer. Si donc l'exercice en est entravé, le droit lui-même est méprisé. Si le régime électoral est soumis à une pression quelconque ; si, dans les délibérations des comices, il entre des éléments autres que ceux d'une libre discussion ; s'il y a là un agent qui, abusant de l'autorité dont il a reçu le dépôt, prétende s'en servir pour imposer son opinion, le droit de suffrage est évidemment méconnu.

De toutes les causes qui peuvent affecter et, disons le mot, détruire la liberté électorale, il n'en est pas de plus pernicieuse que l'intervention d'un gouvernement, soit dans le choix des candidatures, soit dans la propagande active des candidats et de leurs adhérents. Ce n'est pourtant pas la nation qui doit être faite à l'image du gouvernement ! Il y avait même, autrefois, des doctrines et des doctrinaires qui voulaient que le gouvernement fût l'expression de la volonté générale. Les doctrines passent. Les doctrinaires sont devenus, en prenant le pouvoir, les pires réactionnaires. Il faut s'en féliciter, car la situation se trouve éclaircie. Chacun est à son véritable poste. Toute confusion a disparu. La France observe et juge.

L'action d'un gouvernement dans les luttes électorales est d'autant plus puissante qu'elle s'exerce sur un champ de bataille moins vaste. Plus la circonscription est restreinte, plus aussi l'autorité peut y concentrer ses efforts, concerter ses mouvements, faire agir ses influences, et, par l'appât des places qu'elle détient, attirer à elle les ambitions malsaines qui, grâce à un concours vénal, espèrent obtenir un emploi dont un concours de capacité les éloignerait toujours. C'est ainsi qu'un gouvernement qui devrait avoir pour mission d'appeler au service du pays toutes les forces vives de l'intelligence et de l'intégrité, se trouve bientôt entouré d'hommes incapables et immoraux. C'est ainsi qu'un peuple se voit tout à conp en présence d'une administration inepte qui

le compromet d'abord et le ruine ensuite.
Car le mal se propage rapidement. Et
quand la sanie circule dans toutes les ar-
tères de l'administration, il arrive... quoi?
— La décomposition de l'Empire ; l'ané-
mie de la France ; le démembrement de la
patrie, qui n'a plus la force de se défendre contre l'étranger.

L'expérience est là, poignante, implacable. Faut-il donc la refaire ! L'ignorance
et la corruption n'ont-elles pas produit
assez de désordres? Ne pourrait-on pas
changer de système?

Le pays redeviendra soupçonneux, s'il
est en droit de considérer comme ses ennemis les gens qui gardent sa maison. Il
ne reprendra pas confiance, s'il doute de
ses propres agents. Il souffrira dans sa
dignité, si ses fonctionnaires sont ridi-
cules. Il voudra peut-être secouer l'autorité maladroite qui le dessert. De là : des
malentendus, des désaccords, la désunion
des citoyens, l'affaiblissement du corps
national. Or, la cause première de tant

de maux, c'est le tripotage électoral, ce défi sanglant que les gouvernements adressent trop souvent à la liberté. Ils reviennent quelquefois à de meilleurs sentiments dans les heures de crise, lorsqu'ils sont en présence d'un danger tel que leur pouvoir est insuffisant à le conjurer. Alors, ils mendient le secours du peuple, ou plutôt ils disent à ce peuple : « Je ne peux pas te protéger ; aide-moi à te défendre. » C'est dans le péril qu'une nation recouvre son indépendance.

En 1807, il n'y avait pas d'Allemagne. La Prusse était au plus bas. On pouvait croire que l'enfant du duché de Brandebourg allait mourir. Quelques hommes d'Etat entreprirent de le sauver. Ils n'ignoraient pas que la maladie était grave. Quel traitement ordonneraient-ils ? Ils songèrent d'abord à émanciper le peuple. Ils voulurent mettre leur œuvre sous le patronage de la liberté. Par elle, en effet, ils triomphèrent de tous les obstacles.

Avec l'autonomie des communes, ils créèrent des citoyens. Grâce à la suppression des priviléges, les serfs devinrent des hommes. Ce fut un premier avantage.

Les artisans de cette rénovation groupèrent autour d'eux la science et l'honnêteté. Ce fut la victoire.

Mais les conseillers prussiens qui travaillaient à Memel n'avaient rien des intrigants ni des ambitieux. Schœn, Stein, Rhediger, Scharnhort n'étaient pourtant pas des génies. Ils n'auraient pas soulevé l'écrasant fardeau de tant de désastres accumulés, s'ils n'avaient fait jouer ce levier puissant : la liberté. Et ils ont eu la revanche en tournant contre la France l'arme qu'elle avait laissé tomber.

Exemple douloureux à citer! Les patriotes s'en affligent. Ils voudraient se méprendre. Hélas! leur haine contre l'ennemi d'hier et celui de demain ne peut pas les aveugler. L'erreur est impossible et l'histoire est implacable.

La liberté a fait ses preuves. La France,

un jour, l'a conquise. Elle fut la grande nation. La France perdit le talisman. Elle fut vaincue, vaincue encore et mutilée. Tous ceux qui l'aiment doivent la vouloir libre. Il y va de son salut. Mais pas de liberté possible sans la liberté électorale. C'est pourquoi les partis, quels qu'ils soient, qui mettront la France en situation d'exercer librement son droit de voter, seront acclamés et portés nécessairement au pouvoir. Ils cesseront ainsi d'être des partis. Ils se confondront avec la nation. Ils deviendront la nation elle-même. Tel est le seul moyen d'arriver à l'unité morale et à la cohésion matérielle, sources de la grandeur d'un peuple.

II

La fortune de la France repose donc sur le régime électoral. C'est, non pas du droit de vote en lui-même, mais de l'exercice de ce droit que sortira ou la régénération ou la décadence. Le problème va bientôt être posé devant l'Assemblée nationale, législative, constituante et souveraine. Si elle a véritablement les qualités de ses titres, elle sauvegardera les droits et les intérêts du pays, en lui rendant intacte la souveraineté qu'elle détient et en lui laissant les moyens de l'exercer dans toute sa plénitude.

La question est encore pendante. L'homme public qui est appelé à donner la solution en connaît, sans doute, les éléments. Ce n'est pas une raison pour que le simple citoyen se dispense d'avoir un avis et de l'émettre. Sa parole peut manquer d'autorité. Il n'en aura pas moins fait preuve de bonne volonté.

Tolérer le suffrage universel, ce n'est pas mal. Organiser les colléges électoraux de manière à en assurer le libre fonctionnement, ce serait bien. Mais il ne faut pas espérer que les hommes qui ont combattu le suffrage universel soient disposés à lui laisser ses coudées franches. Ils chercheront à en restreindre et à en dénaturer l'application. Aussi, le débat portera-t-il entièrement sur le mode de scrutin et sur la formation des colléges.

Le vote aura-t-il lieu au scrutin de liste ou au scrutin uninominal? La représentation dite « nationale » sortira-t-elle de colléges de département ou de colléges d'arrondissement?

Il convient d'abord de remarquer que la majorité des tenants du scrutin uninominal se compose précisément des esprits rétrogrades qui ont voulu tout récemment détruire le suffrage universel. Que conclure, sinon que les adversaires du scrutin de liste sont les ennemis du suffrage universel ?

Les partisans du collége d'arrondissement ne cachent pas leur intention de diriger les élections. Mais comment diriger les élections sans toucher à l'indépendance des votants ?

Le scrutin uninominal et le collége d'arrondissement seraient donc imaginés pour entraver l'exercice du suffrage universel et la liberté électorale ! Voilà effectivement le but désiré. Les hasards de la politique ont porté au pouvoir une certaine secte qui veut s'y perpétuer, même au mépris du vœu national. Elle est préparée à tous les expédients. Elle ne reculera devant aucun moyen pour atteindre son but. Il n'y a pas à en douter. Et si Benjamin Constant siégeait à notre Assemblée législative, constituante et souveraine, il pourrait répéter ces mémorables paroles :

« Elle est donc bien tombée cette oligarchie altière qui déclare, à la face de l'Europe, que si elle ne parvient à fausser le suffrage national, il sera toujours contre elle ; que jamais elle ne pourra compter sur une seule nomination libre ; que la majorité la repoussera sans cesse, et que, pour arriver au pouvoir, il faut qu'elle l'usurpe ou plutôt qu'elle le dérobe ; car ce n'est pas même d'une usurpation qu'il s'agit ; il ne s'agit pas de conquête, il s'agit d'un larcin honteux que déguisent misérablement d'indignes subterfuges, au prix desquels pas un citoyen qui se respecte s'abaisserait à accepter la puissance ou à exercer l'autorité. »

L'apostrophe de Benjamin Constant serait encore d'actualité. Cependant, depuis 1820, le corps politique a marché. Cette époque est déjà loin de la nôtre. Au lendemain de la Restauration, la réaction pouvait triompher. Et sa victoire fut chèrement achetée. Pour avoir touché à la liberté éléctorale, le gouvernement de l'émigration avança l'heure de sa chute. La leçon devrait servir. Il n'en est rien.

Voici encore des hommes qui ont entrepris de mater la France et précisément par l'ancienne méthode. Leur aveuglement est incompréhensible. Se croient-ils donc de force à réaliser le projet que leurs devanciers ont vainement ébauché? Les pygmées étourdis de 1875 se feraient-ils illusion sur leur propre valeur au point de prétendre réussir dans la tâche ardue où les hercules de la Restauration ont échoué? La compression électorale, c'est le rocher de Sisyphe. L'histoire de notre régime civique en est la preuve. Cette histoire, il faut la refaire pour le plus grand avantage des hommes politiques qui s'attardent. S'ils pouvaient comprendre qu'ils sont prêts de commettre les fautes qui ont perdu plus d'un gouvernement habile ou soi-disant tel, ils abandonneraient sans doute la voie où ils s'égarent. Personne ne désire leur perte. On voudrait qu'ils réunissent ce qu'ils ont d'intelligence à la masse commune, au lieu de s'épuiser à une lutte ingrate qui les amoindrit dans le pays. Celui-ci est sûr de vaincre. Mais il aimerait mieux ne pas avoir à combattre. Il a tant besoin de ménager et de concentrer ses forces !

III

La première organisation sérieuse du
collége électoral et du mode de votation
se trouve dans le règlement d'élection qui
parut le 24 janvier 1789, à la veille de la
convocation des Etats-Généraux. Il n'y-
avait antérieurement rien de précis sur
les réunions d'électeurs et les nominations de députés. Néanmoins, à la récep-
tion des lettres du roi en 1560, la ville
de Paris essayait déjà de procéder avec
quelque méthode. Le prévôt des marchands, les quatre échevins et les vingt-
quatre conseillers délibérèrent de :

« Rechercher en grande diligence les
registres anciens où chroniques qui ont
été faites du temps du roi Charles hui-

tième pour semblable fait, s'il est possible d'en trouver quelque chose. »

Comme ces investigations demeurèrent infructueuses, les quarteniers furent chargés de signifier à leurs dizainiers qu'ils aient à convoquer huit ou dix notables bourgeois par quartier, les maîtres des métiers et les gardes de la marchandise « pour eux ouïr faire les remontrances au roy. »

En somme, tous les maîtres et jurés des corps de métiers purent donc faire partie de cette assemblée. Mais le choix des individus d'autres états et conditions fut confié aux quarteniers et aux dizainiers. Il va sans dire, d'ailleurs, que les magistrats étaient appelés de droit.

La première réunion préparatoire eut lieu le 16 octobre 1560. Le prévôt des marchands, après avoir lu les lettres de convocation, ouvrit la discussion. Il fut décidé que :

« Messieurs des cours souveraines se-

raient priés de mettre par écrit les doléances et remontrances qu'ils aviseront
être bonnes, etc...;

« Et pareillement que les maîtres et
gardes des marchandises et des confréries
de chaque métier mettront par écrit, chacun en leur égard, leurs remontrances et
doléances, etc...;

« Pour après le tout être vu en autre
assemblée générale qui y pourra augmen-
ter ou diminuer, si l'on voit que bon soit;
alors sera élu un ou plusieurs députés
pour porter la parole et aller faire les-
dites remontrances. »

Les renseignements clairs s'arrêtent là.
Il est présumable que, dans des assemblées si novices, la nomination des députés eut lieu de vive voix. Le vote par ac-
clamation est celui qui se présente le plus
naturellement à l'esprit des gens dont l'é-
ducation politique est à faire. Il n'y eut
pas, à coup sûr, dans les élections de
1560, de double degré. Il est vraisemblable
qu'on ne songea pas au scrutin écrit.

Cependant il y avait, dans cet embryon d'organisation, le germe d'une délibération raisonnée. Et le collége pouvait discuter librement ses affaires. Paris donnait l'exemple. C'était déjà quelque chose.

Mais le régime électoral ne date réellement que de 1789.

La monarchie penchait. Un pouvoir sans frein ni sans contrôle la poussait à l'abîme. Elle vivait d'expédients. Les finances étaient taries. Les caisses étaient à sec. « Plus d'argent, partant plus de joie. » Que faire? Le moment était bien choisi pour consulter la France.. Car tel a été jusqu'à présent le sort de ce malheureux pays : il n'a pu jamais s'occuper de ses intérêts que le jour où ses gouvernements avaient tout compromis.

La lettre de l'infortuné Louis XVI pour la convocation des Etats-Généraux portait en elle-même la condamnation du despotisme. L'assemblée n'eut qu'à prononcer son verdict d'après cet acte d'accusation que la royauté avait pris la peine de presser :

« De par le Roi,

« Notre amé et féal, nous avons besoin du concours de nos fidèles sujets pour nous aider à surmonter toutes les difficultés où nous nous trouvons, relativement à l'état de nos finances, et pour établir, suivant nos vœux, un ordre constant et invariable dans toutes les parties du Gouvernement, qui intéressent le bonheur de nos sujets et la prospérité de notre Royaume. Ces grands motifs nous ont déterminé à convoquer l'Assemblée des États de toutes les provinces de notre obéissance, tant pour nous conseiller et nous assister dans toutes les choses qui seront mises sous ses yeux, que pour nous faire connaître les souhaits et les doléances de nos peuples ; de manière que, par une mutuelle confiance et par un amour réciproque entre le Souverain et ses sujets, il soit apporté, le plus promptement possible, un remède efficace aux maux de l'État, et que les abus de tout genre soient réformés et prévenus par de

bons et solides moyens qui assurent la fé-
licité publique, et qui nous rendent, à nous
particulièrement le calme et la tranquillité
dont nous sommes privés depuis si long-
temps.

« A ces causes...., etc., etc.... »

Quels aveux! Les finances succombent.
L'État est criblé de maux. Les abus sont
de tout genre. La royauté est perclue de
douleurs. Rien ne va plus. Alors, la parole
est à la France.

A la lettre royale était annexé un règlement d'exécution. C'est dans ce document
que se trouvent, pour la première fois, un
système d'organisation des colléges électoraux et un mode de votation pour la nomination des députés.

Le collége est le bailliage ou la séné-
chaussée ; circonscription qui n'est pas
imaginée à plaisir, car elle correspond à
une grande division administrative. La
monarchie, toute démoralisée qu'elle était,
n'avait pas encore songé au tripotage électoral. Elle espérait qu'il lui suffirait, pour

sauver son autorité arbitraire, de s'aider des priviléges que lui assurait son vieil état social.

Le corps civique se divise en trois ordres : clergé, noblesse, tiers. En principe, chaque ordre doit agir isolément. L'article 43 du règlement dit, en effet :

« Chaque ordre rédigera ses cahiers et nommera ses députés séparément, à moins qu'ils (*les ordres*) ne préfèrent d'y procéder en commun, auquel cas le consentement des trois ordres, pris séparément, sera nécessaire. »

Mais voici que la fusion des ordres est prévue. L'antique despotime est si affolé qu'il conçoit l'abdication des castes. L'enfantement, à la vérité, fut pénible. Il a donné lieu aux convulsions qui agitèrent les États-Généraux à leur naissance.

Les votes se feront-ils par ordre ou par tête ? Dans le premier cas, la majorité est tout acquise au clergé et à la noblesse, qui auront deux voix contre une, celle du tiers. Dans le second, le tiers peut espérer de lutter contre ses adversaires sans avoir la certitude d'être vaincu. Sieyès n'écrira pas en vain. Mirabeau ne parlera pas dans le désert.

Le tiers prit une attitude ferme et une résolution inébranlable. Il voulait le vote par tête. L'obstination des privilégiés dut céder. Et la séparation des ordres reçut un coup mortel.

Elle reparut plus tard sous d'autres formes. Il y eut de *bons* esprits qui cherchèrent à créer certaines catégories nouvelles de citoyens. Ces tentative ne furent pas heureuse. L'élan était donné.

Le règlement du 24 janvier 1789 portait en lui-même les éléments de l'unité du collége électoral, tant à l'égard des grandes divisions administratives auxquelles il devait s'adapter qu'au point de vue de l'égalité de ses membres vis-à-vis les uns des autres.

Quant au mode de votation, il est défini par les articles 46 et 47 avec un luxe de détails, qui rend superflu tout commentaire.

« Art. 46. — Les élections des députés qui seront successivement choisis pour former les assemblées graduelles ordonnées par le présent règlement, seront faites à haute voix ; les députés aux États-Généraux seront seuls élus par la voie du scrutin.

« Art. 47. — Pour parvenir à cette dernière élection, il sera d'abord fait choix, au scrutin, de trois membres de l'assemblée qui seront chargés d'ouvrir les billets, d'en vérifier le nombre, de compter les voix et de déclarer le choix de l'assemblée.

« Les billets de ce premier scrutin seront déposés par tous les députés successivement dans un vase placé sur une table, au devant du secrétaire de l'assemblée, et la vérification en sera faite par ledit secrétaire, assisté des trois plus anciens d'âge.

« Les trois membres de l'assemblée qui auront eu le plus de voix, seront les trois scrutateurs.

« Les scrutateurs prendront place devant le bureau, au milieu de la salle de l'assemblée, et ils déposeront d'abord, dans le vase à ce préparé, leur billet d'élection ; après quoi tous les électeurs viendront pareillement, l'un après l'autre, déposer ostensiblement leurs billets dans ledit vase.

. . . .

« Si le même billet portait plusieurs noms, il serait rejeté, sans recommencer le scrutin.

. . . .

« Il sera procédé au scrutin autant de fois qu'il y aura de députés à nommer »

Ainsi, les Etats-Généraux furent élus au scrutin uninominal. Ce mode de votation n'a pas empêché la grande Assemblée d'être en majorité très libérale et très indépendante. La raison en est, sans doute, que le gouvernement n'avait pas dirigé les élections. Les politiques attardés de notre époque ont-ils fait cette réflexion lorsqu'ils prétendent forger, avec le scrutin uninominal, une arme à réaction ?

Leurs adversaires savent bien que cette machine est impuissante par elle-même, et, s'ils cherchent à la détruire, ce n'est pas qu'ils la redoutent pour leur propre cause. Mais ce scrutin uninominal, appliqué honnêtement dans les élections de 1789, a dégénéré depuis en abus criants. Mais il est devenu l'allié de la corruption électorale. Mais il ne peut plus s'exercer que dans les colléges d'arrondissement. Mais c'est par lui que l'empire dernier a pu vivre vingt ans sans contrôle, choisir des Chambres aveugles et jeter un jour la France sous la botte allemande. Mais n'est-ce pas assez ?

Le scrutin uninominal est vicieux. Il se prête aux manœuvres gouvernementales. Il mène tout droit aux candidatures agréables, ministérielles et officielles. Il est la négation de la liberté électorale. C'est pourquoi les défenseurs de ce mode de votation sont à plaindre ou à blâmer.

L'Assemblée de 1791, qui se connaissait en libertés et qui a jeté les assises de toutes, ne manqua pas à poser des principes électoraux dans la Constitution. Comme le corps civique était encore jeune, le suffrage graduel que le tiers avait déjà manié fut conservé. Mais le collége fut, comme de raison, le département. Il était admis qu'un représentant du peuple ne pouvait pas être l'homme lige de quelques intérêts particuliers. Les textes sont instructifs.

Section III

« Art. 1er. — Les électeurs nommés en chaque département se réuniront pour élire le nombre des représentants dont la nomination sera attribuée à leur département.

. . . .

« Art. 7. — Les représentants nommés dans le département ne seront pas représentants d'un département, mais de la nation entière..... »

Voilà bien les hommes nouveaux! Ils ont toutes les audaces! Soit! Mais ceux-là étaient logiques ; car s'ils imposaient à leurs successeurs l'obligation se prêter le serment de « vivre libre ou mourir, » ils donnaient en même temps, au pays, les moyens de voter avec indépendance.

IV

La Convention fut encore plus affirmative. Dans la séance du 15 février 1793, Condorcet s'exprimait ainsi, au nom du Comité de Constitution :

« Quel que soit le nombre des places à remplir pour une seule et même fonction, chaque citoyen n'aura que deux fois à émettre son vœu : l'une pour former une liste de candidats dont le nombre sera fixé ; l'autre, pour terminer l'élection.

« Dans le premier cas, il inscrira un nombre déterminé de noms.

« Par exemple, s'il s'agit d'élire dans un département les députés à l'Assemblée nationale, chaque citoyen inscrira un nombre de noms égal à celui des députés. La liste des candidats qui seront en nom- .

bre triple, sera formée de ceux qui auront obtenu le plus de voix, et c'est entre ces candidats qu'il faudra choisir.

. . . .

« Pour former le second vœu, chaque citoyen nommera d'abord, parmi les candidats, ceux qu'il juge les plus dignes en nombre égal à celui des places, et ensuite ceux qu'il croit aussi les plus dignes après ces premiers, en nombre encore égal à celui des places. »

L'éminent rapporteur, dont le nom ne figure plus sur un lycée de France, commentait bien le projet de Constitution de 1793. Mais, au risque de scandaliser quelques législateurs bénins de 1875, il faut citer les articles.

Section III

« Art. 1er. — Les élections se feront au moyen de deux scrutins, dont le premier, simplement préparatoire, ne servira qu'à former une liste de présentation, et dont le second, ouvert seulement entre les can-

didats inscrits sur la liste de présentation,
sera définitif et consommera l'élection.

. . . .

« Art. 13. — L'assemblée réunie pour
le second et dernier scrutin, chaque votant recevra au bureau un bulletin à deux
colonnes, divisées chacune en autant de
cases qu'il y aura de sujets à nommer.

. . . .

« Art. 14. — Chaque votant inscrira ou
fera inscrire sur la première colonne autant d'individus qu'il y aura de place à
élire; et ensuite, sur la colonne supplé-
mentaire, un nombre de noms égal à
celui inscrit sur la première colonne. »

Tout le monde sait que cette Constitution ne fut jamais appliquée. On en connaît le motif. Quoi qu'il en soit, Condorcet
et ses collègues tenaient pour le collége
de département et pour le scrutin de liste.
Cette opinion prévalut même contre l'évo-
lution thermidorienne, cette première
étape sur la route du 18 brumaire.

Lorsque la Convention eut mis au panier

le statut constitutionnel de 1793, elle en fit un autre. Le marquis de Boissy d'Anglas ne dédaigna pas de présenter le nouveau projet. Il fut sobre d'explications sur la question du collège électoral et du scrutin de liste. Elle lui semblait sans doute résolue. Il est vrai que la Constitution de 1795 ne méritait guère d'être paraphrasée. Après avoir institué le Conseil des Anciens et le Conseil des Cinq-Cents, elle dit :

« Art. 49. — Chaque département concourt, à raison de sa population seulement, à la nomination des membres du Conseil des Anciens et des membres du Conseil des Cinq-Cents.

. . . .

« Art. 52. — Les membres du Corps législatif ne sont pas représentants du département qui les a nommés, mais de la nation entière. . . . . »

Ceci n'est que la reproduction de l'article 7, section III, de la Constitution de 1791.

Le collége de département subsiste donc encore. C'est qu'il s'impose, en effet, par l'association des droits, sinon des intérêts, qu'il représente. Le département a son conseil et son budget, c'est-à-dire une vie propre. C'est une circonscription politique par sa nature et par son organisation. Au contraire, les divisions du département ne sont que des tronçons qui ne peuvent avoir, en politique, une action personnelle et régulière. Isolés du corps, ce sont des membres épars d'où la vie se retire peu à peu. Alors ils se prêtent à toutes les expériences. Et les détenteurs de l'autorité ont beau jeu contre des cadavres. Mais, dans ce sectionnement à l'infini, le corps électoral se désagrége et perd complétement ses forces. *Indè :* l'affaiblissement inévitable du pays, qui, quoi qu'on en ait, se personnifie dans le corps civique.

V

Une politique qui doit affaiblir un peuple est une calamité. La nation qui la supporte est condamnée à l'asservissement. La ruine en est la conséquence. Voilà pourquoi il faut que le corps électoral soit fort. C'est une question de salut public. Les hommes qui ont voulu gouverner despotiquement n'ont jamais manqué, pour imposer leur autorité violente, à frapper d'abord le corps civique. Toujours la vieille manière! Diviser pour régner. Si Bonaparte n'innova pas, du moins il fit bien les choses. Il commença par mettre la main sur la représentation du corps électoral. Ensuite il fractionna la France en colléges de fantaisie. Enfin, comme ces petites machines à voter étaient sans force, il s'en empara facilement. Ce Corse avait le génie des maquis. Il était homme d'embuscade et de trahison. L'affaire fut rondement menée.

Le 18 brumaire 1799, le Conseil des Anciens rend un décret par lequel le Corps législatif est transféré à Saint-Cloud, et le général Bonaparte est chargé de l'exécution. Le futur empereur est déjà dans son rôle. Le 19 brumaire, notre *homme providentiel* se présente aux Cinq-Cents séant à Saint-Cloud, en vertu du décret de la veille.

Cette visite est bien connue. Le récit en a été fait maintes fois. Mais il faut le refaire encore et encore.

Lucien Bonaparte, en frère habile, présidait. Un secrétaire venait de lire la démisssion pathétique et ridicule du directeur Barras. Grandmaison était à la tribune. Il demandait : « Où est le danger, où est l'ennemi ? »

Coïncidence fatale! Le général corse pénètre dans l'enceinte législative.

« A ce moment, dit le compte-rendu officiel, un mouvement se manifeste. Tous les regards se portent vers l'issue principale..... Le général Bonaparte paraît, il entre. Quatre grenadiers de la représentation nationale le suivent; quelques autres et des officiers paraissent à la porte.

. . . .

« L'Assemblée entière est à l'instant debout....:. Une foule de membres s'écrient: *Qu'est-ce que cela? Qu'est-ce que cela? Des sabres ici?..... Des hommes armés?.....*

« Beaucoup de membres se précipitent au milieu de la salle. Le général Bonaparte est entouré de membres qui le tiennent au collet et le repoussent.....

« Une foule de membres levés sur leurs siéges s'écrient : *Hors la loi! hors la loi! A bas le dictateur!.....*

« Le général Lefebvre et plusieurs grenadiers entrent précipitamment. Les grenadiers crient : *Sauvons notre général.*

Bonaparte est entraîné hors de la salle..»

Les députés avaient momentanément l'avantage. Mais ils ne restèrent pas long-temps maîtres de la position. Ils en furent délogés par les baïonnettes. Bonaparte était d'avis que la force prime le droit. La victoire de Saint-Cloud fut piteuse. Cependant c'était une victoire. L'empire s'annonçait.

Tous les représentants qui, soucieux de leur devoir, avaient voulu défendre la loi contre le crime, furent dépouillés de leur mandat et expulsés. Les Anciens et le résidu des Cinq-Cents furent ajournés. Des commissions très improprement appelées « législatives intermédiaires » se chargèrent de représenter... l'obéissance passive aux ordres du maître. Elles se composaient, à de rares exceptions près, des gens sans dignité qui devaient être les dignitaires de l'Empire et la livrée de l'empereur.

Cette agglomération d'individus accepta

la paternité de la Constitution de l'an VIII.
Ce fut une belle œuvre. Il n'y eut plus de
liberté électorale. Les chefs du complot de
brumaire prirent la peine d'épargner au
pays les agitations du scrutin. Ils se nommèrent réciproquement consuls ou sénateurs. Deux consuls et deux sénateurs-nés
nommèrent la majorité du Sénat. Celui-ci
nomma les titulaires des autres fonctions
dites électives : législature, tribunat, etc.
L'ancien corps civique fut chargé, par un
excès de confiance, de présenter les candidats. Et, pour enlever à ces candidatures tout caractère subversif, les colléges
furent restreints et façonnés. Il fallait
évidemment des colléges spéciaux pour
faire une telle besogne. Inutile de dire
que les présidents de ces convents étaient
nommés par le premier consul. Ah! cette
Constitution de l'an VIII fut une bien
belle œuvre! Qu'on en juge :

« Art. 7. — Les citoyens de chaque arrondissement communal désignent par

leurs suffrages ceux d'entre eux qu'ils croient les plus propres à gérer les affaires publiques. Il en résulte une liste de confiance, contenant un nombre de noms égal au dixième du nombre des citoyens ayant droit d'y coopérer. C'est dans cette première liste communale que doivent être pris les fonctionnaires publics de l'arrondissement.

« Art. 8. — Les citoyens compris dans les listes communales du département désignent également un dixième d'entre eux. Il en résulte une seconde liste dite départementale, dans laquelle doivent être pris les fonctionnaires publics du département.

« Art. 9. — Les citoyens portés dans la liste départementale, désignent pareillement un dixième d'entre eux. Il en résulte une troisième liste qui comprend les citoyens de ce département éligibles aux fonctions publiques nationales.

. . . . , .

« Art. 14. — . . . . Les citoyens qui seront nommés pour la première formation des autorités constituées, feront partie nécessaire des premières listes d'éligibles. »

. . . .

Remarquons, en passant, que les fonctionnaires de première formation étant choisis par le gouvernement, celui-ci s'arroge, par ce petit article 14, le droit de faire figurer d'office ses créatures sur les listes d'éligibles. C'est autant de pris sur les minces attributions des pauvres colléges.

. . . .

« Art. 15. — Le Sénat conservateur se compose de quatre-vingts membres inamovibles et à vie, âgés de quarante ans au moins. . . . . .

« Art. 19. — Toutes les listes faites dans les départements en vertu de l'article 9 sont adressées au Sénat : elles composent la liste nationale.

« Art. 20. — Il élit dans cette liste les législateurs, les tribuns, les consuls, les juges de cassation et les commissaires à la comptabilité.

. . . .

« Art. 24. — Les citoyens Sieyès et Roger-Ducos, consuls sortants, sont nommés membres du Sénat conservateur. Ils se réuniront avec le second et le troisième consul nommés par la présente Constitution. Ces quatre citoyens nomment la majorité du Sénat, qui se complète ensuite lui-même et procède aux élections qui lui sont confiées.

. . . .

Ces élections sont définies par les articles 19 et 20 précités.

Tel est l'édifice bâti sur les plans de l'homme du 18 brumaire. Toutes les précautions sont prises pour annihiler la volonté nationale. La liberté électorale est morte et enterrée. Les citoyens sont dépouillés du droit d'élection. Ils n'ont plus que la faculté de présenter des candidats à l'agrément du Sénat. Et la liberté de présentation n'existe même pas. Les colléges sont peuplés des créatures qu'il plaît au maître d'y introduire. Ils sont présidés par ses partisans avoués.

Cette Constitution de l'an VIII fut le pont sur lequel passa l'empire. C'était prévu. Le consulat ayant le Sénat dans la main, et le Sénat étant le grand électeur, le pays ne s'appartient plus. C'est une *res nullius* qui sera la propriété du premier occupant.

Aussi, le gouvernement agit-il à sa guise ! Le despotisme s'élève rapidement à son maximum d'intensité. La loi du 13 ventôse an IX, l'arrêté pris par le gouvernement le 19 fructidor an X, et le sénatus-consulte du 16 thermidor de la même année, restreignent encore la faculté de présentation attribuée au corps électoral, et étendent, par contre, le droit d'adjonction que le pouvoir s'est audacieusement réservé. Enfin, le sénatus-consulte organique du 28 floréal an XII, qui est la Constitution de l'empire, couronne l'édifice.

Quinze ans après 1789, la France n'est

plus représentée dans les conseils du gouvernement. Elle est mise, contre son gré, en coupe réglée. Son sang, son or, tout passe dans les armées et dans les caisses du Corse. Et le tonneau des Danaïdes aurait été plus facile à remplir que le gouffre sans fond creusé par l'orgie impériale. Ah ! la gloire de l'empire ! Qu'est-ce que la gloire de l'empire ? sinon la France appauvrie, épuisée, envahie, mise sous le joug ; sinon l'Europe ameutée contre le conquérant qui, par sa politique égoïste et idiote, conduisit à Waterloo la nation qu'il avait prise grande après Zurich.

O Corse à cheveux plats ! que ta France était
       Au grand soleil de messidor ! | belle

Terrible châtiment d'un peuple qui s'abandonne ! Si la France ne s'était pas laissé dépouiller de son libre arbitre ; si elle n'avait pas toléré que sa voix fût couverte par le bruit des armes, elle aurait évité les aventures et les désastres.

Leçon non moins terrible pour les gou

vernements qui veulent substituer leur volonté à celle du pays! Au lieu d'obéir à l'opinion, ils l'oppriment. Afin de s'emparer du corps électoral, ils l'affaiblissent. L'engrenage du pouvoir personnel les saisit dans sa machoire de fer. Ils y entrent lentement d'abord ; puis, lorsqu'ils sentent le mouvement s'accélérer, ils ont peut-être le désir de l'arrêter, mais trop tard. Ils sont emportés. Leur propre folie les mène à leur perte. Et le pays subit leur fortune.

L'empire n'a pas l'excuse d'avoir été entraîné. Il naquit despote. Sa mission était toute tracée. Il ne s'occupa jamais du corps électoral que pour l'amoindrir. Après le sénatus-consulte du 28 floréal an XII, hélas! mais après le décret du 17 mars 1806, holà! Veut-on savoir comment S. M. l'empereur et roi usait du droit de nommer les présidents des colléges électoraux? Qu'on lise ce décret du 17 mars 1806 :

« Napoléon, empereur des Français et roi d'Italie,

« Vu l'article 50, titre VI, de l'acte des constitutions de l'Empire du 28 floréal an XII,

« Nous avons affecté et affectons spécialement aux grands officiers de l'Empire la présidence des colléges électoraux ci-après désignés. »

Suit une liste de maréchaux, de généraux, etc., parmi lesquels figurent Berthier, Moncey, Jourdan, Masséna, Augereau, etc., etc.

Les colléges de présentation sont encore à craindre. Qu'ils soient enrégimentés ! Il faut que le pays tout entier obéisse militairement. Sous ce régime, il ne peut être question ni de liberté électorale, ni de collége, ni de scrutin. Il n'y a plus que le mot d'ordre et le mot de passe. Voilà un gouvernement de combat ! Il fit marcher la France. Mais il alla à Sainte-Hélène.

VI

Napoléon essaya vainement, à l'origine des Cent-Jours, de changer de système. L'acte additionnel du 13 mars 1814 arriva trop tard. La Restauration, venue d'abord avec la coalition, revint la seconde fois à la suite de l'étranger. Le droit du sabre fut remplacé par le droit divin. Mais le comte de Provence, plus intelligent que son frère d'Artois, avait appris quelque chose en exil. Il se disait que si Paris avait pu jadis valoir une messe, la France valait mieux encore. Il aurait volontiers transigé avec la Révolution. La tactique était habile. La royauté en eût recueilli les meilleurs résultats, si elle s'était débarrassée de ses vieux préjugés. Il n'aurait pas fallu qu'elle voulût, ou bien avoir l'air de faire quelque chose en ne faisant rien, ou bien faire quelque chose en simulant de ne rien faire.

D'une part, le roi n'était pas éloigné de gouverner suivant l'esprit moderne. D'autre part, la légitimité prétendait renouer la tradition d'avant 1789, cassée par la Révolution. Dès le début, la désunion fut au camp monarchiste.

Louis XVIII *octroya* la Charte. Ce fut une faute. Il eût été sage de reconnaître au peuple le droit qui lui appartient. Le lui *octroyer* équivalait à dire : « Notre bon plaisir peut reprendre ce que notre bon vouloir a accordé. » Or, donner et retenir ne vaut, en politique surtout.

Cependant, cette Charte n'était pas plus mauvaise qu'une autre. Elle semblait attribuer aux élections une liberté relative. Elle disait que la Chambre élective serait composée des députés des départements: D'où il était permis de conclure qu'on revenait au système du collége unique de département. Néanmoins, cette disposition essentielle de la Charte fut vivement controversée. L'esprit et la lettre triomphèrent d'abord. Bientôt, ils furent foulés aux pieds.

Les péripéties de cette lutte sont édifiantes.

Le combat s'engagea dans la discussion du projet qui devint la loi électorale du 5 février 1817. Les adversaires étaient à peu près égaux en forces numériques ; et les propositions les plus bizarres trouvaient, en cette matière ardue, des défenseurs. Les uns demandaient à la fois des colléges de département et des colléges d'arrondissement. Les autres voulaient des colléges qui ne fussent ni de département, ni d'arrondissement. D'aucuns désiraient des colléges de ville et des colléges de campagne. La fantaisie se donnait libre carrière. Mais il n'y avait réellement que deux systèmes en présence : celui du collége de département et celui du collége d'arrondissement.

Dans la séance du 26 décembre 1816, Royer-Collard n'eut pas de peine à démontrer qu'imaginer des circonscriptions d'arrondissement, c'était violer la Charte, et que, d'ailleurs, le collége électoral est d'autant plus incorruptible qu'il est plus nombreux. L'orateur disait notamment :

« Si on demande d'où viennent les membres de la Chambre élective, la Charte répond : Ils viennent des départements. Ce sont les départements qui les envoient; la Chambre élective est la Chambre des députés des *départements*. Il y a donc, messieurs, autant d'élections qu'il y a de départements, ni plus ni moins; la Charte assigne donc un territoire déterminé à chaque élection, et ce territoire ne peut pas plus être diminué qu'il ne peut être augmenté. Ainsi, les subdivisions de territoire, les subdivisions de députés, les subdivisions d'élections sont interdites. Les lignes qui séparent les arrondissements administratifs sont effacées de notre carte politique; l'élection est départe-

mentale ; les députés sont élus par et pour
le département tout entier ; il n'y a qu'un
collége électoral par département. »

La démonstration était topique. Mais
Royer - Collard argumentait principale-
ment du texte de la Charte. D'autres ora-
teurs envisagèrent la question à un point
de vue plus élevé. M. Cuvier, commissaire du roi, défendit chaleureusement le
collége de département. M. Lainé, ministre de l'intérieur, attaqua avec énergie la
circonscription d'arrondissement. Car,
dans ce grand procès, le gouvernement de
la Restauration plaidait pour la liberté
électorale. Pourquoi ce beau feu s'étei-
gnit-il si vite !

Le 28 décembre 1816, M. Cuvier, dont
le ministre de l'intérieur dira, quelques
jours après, qu'il possède le « talent et la
science des deux Pline, » portait la parole. Son discours était soigné. La loi
électorale y était exposée sous tous ses
aspects, pratique, philosophique et politi-

que. L'argumentation du commissaire du roi est un monument.

Comme les adversaires du collége unique alléguaient surtout que le nombre des électeurs appelés à choisir la députation de département serait trop considérable pour que les délibérations pussent être paisibles et raisonnées, M. Cuvier répondait :

« Plus le nombre est considérable, moins la corruption est facile, plus il y a de certitude que le représentant aura le vœu de ses représentés, plus il est probable que ce sera un homme recommandé par l'éclat de son mérite. »

Opinion irréfutable! Le choix d'un collége étroit peut s'égarer sur une petite personnalité. Au contraire, une circonscription étendue se fera toujours représenter, dans des conditions normales, par des hommes considérables. L'élection ne sera plus alors l'œuvre d'un appétit local. Elle sera l'expression de l'intérêt général.

Telle était la pensée de M. le commissaire royal, qui ajoutait excellemment :

« C'est ainsi que la Chambre aura ses racines dans la nation ; qu'elle sera soutenue par elle, et qu'elle en tirera sa force. Et ces avantages croissent non-seulement avec les individus, mais encore avec l'étendue du territoire d'où le député tire sa mission. Un député d'un département tout entier aura une mission plus respectable que le député d'une ville ; et, s'il était possible de faire intervenir dans le choix de chaque individu la nation tout entière, ce serait alors qu'on serait arrivé à cet égard au maximum de la perfection. »

M. Cuvier allait jusqu'aux extrêmes limites de son idée. Il n'en redoutait donc pas les conséquences. Peut-être aussi prévoyait-il les objections qu'on chercherait à lui faire en attaquant sa théorie par l'absurde? Mais elle ne fut pas sérieusement critiquée. Cependant, comme le gouvernement se voyait en présence des royalistes intransigeants dont les coups de tête étaient à redouter, le ministre de l'intérieur jeta dans la balance parlementaire le poids de son talent et de son expérience.

M. Lainé, dans la séance du 2 janvier 1817, terrassa les colléges d'arrondissement. Après les avoir présentés comme vicieux à tous égards, l'habile homme d'Etat concluait ainsi :

« Se borner à les réparer malgré leur caducité, ce serait, pour ainsi dire, décider par provision la permanence des colléges peu nombreux, créer une sorte d'oligarchie électorale injurieuse au Français jaloux d'exercer le droit d'élire. »

Le ministre voulait « des colléges nombreux, dans lesquels l'intrigue voit briser tous ses fils, et où toute influence corruptrice expire.

« N'avons-nous pas, disait-il, assez d'intérêts divers ou même opposés pour chercher encore à séparer les personnes selon leurs intérêts particuliers? n'est-il pas à craindre que les électeurs, partagés dans les provinces en urbains et en *ruraux*, n'envoient à cette Chambre des députés qui représenteraient plutôt les querelles de leurs commettants que le vœu, que les besoins généraux de l'Etat? »

Pensée admirable qu'il faut méditer à soixante ans d'intervalle! La Restauration oublia trop tôt les paroles de M. Lainé. Elle ne sut pas résister aux entraînements des énergumènes qui étaient plus royalites que le roi. Elle devait, sans doute, périr par les excès des siens. Mais, en 1817, elle fut assez sage pour repousser les exigences malsaines des ennemis de la liberté électorale. Le gouvernement, appuyé par les libéraux de l'époque, fit accepter le projet.

L'article 7 était ainsi conçu :

« Il n'y a dans chaque département

qu'un *seul* collége électoral. Il est composé de tous les électeurs du département dont il nomme *directement* les députés à la Chambre. »

Et, aux termes de l'article 13 :

« Les électeurs votent par bulletin de liste contenant, à chaque tour de scrutin, autant de noms qu'il y a de nominations à faire. »

Soumise à la Chambre des pairs, la loi y fut votée sans grande difficulté. La commission chargée de l'examiner était composée de MM. le comte Abrial le comte de Clermont-Tonnerre, le maréchal duc de Tarente, le comte de Lally-Tolendal et le comte de Latour-Maubourg. Elle adopta, à la majorité de quatre voix contre une, le collége de département. Le comte de Lally-Tolendal, rapporteur, se prononça énergiquement en faveur d'un système d'élection et de vote, qui « éloignait la corruption de quelque côté qu'elle pût venir. » La noble assemblée fut de l'avis du rapporteur , car elle ne déposa pas un seul amendement sur les articles qui rétablissaient le collége de département et le scrutin de liste.

La nouvelle législation électorale comportait, en résumé, le suffrage direct, le collége de département et le scrutin de liste. C'était la liberté dans les élections. Mais un semblable régime devait être trop fort pour la complexion faible de la monarchie

VII

Trois ans après, la monarchie rentra
dans son rôle de gouvernement despoti-
que par essence. M. de Bonald expliquait
d'une étrange manière la nécessité de
réviser la loi de 1817 :

« Vous le savez, messieurs, disait-il à
la Chambre des députés, un scandale, qui
a outragé à la fois la société dans la personne de son chef, les mœurs publiques
et la nature elle-même, a été l'occasion
de la proposition royale qui a soumis à
votre révision la loi des élections. C'est ce
qu'ont pensé ses partisans les plus décidés.
— Une de ces élections, dit M. de Pradt
dans son catéchisme politique, fut une calamité publique. Celui qui en était l'objet,

au lieu d'une persévérance funeste, aurait
dû, comme Jonas, demander d'être jeté
à la mer pour apaiser la tempète ; et
beaucoup d'honneur était attaché à ce
sacrifice. »

Quoi ! la monarchie allait-elle périr ? La
société menaçait-elle de s'effondrer ?
Quelle était donc cette calamité publique ?

Un régicide avait été nommé député
par un collége de département, au suffrage direct, dans un scrutin de liste. Et
l'élection d'un ex-conventionnel suffisait
à faire condamner par tous les hommes
d'ordre la loi de 1817. Aussi, pourquoi ce
Grégoire n'avait-il pas demandé d'être
jeté à la mer, comme Jonas ?

L'excès de pudeur de la légitimité
n'était qu'un prétexte. La royauté voulait
tout simplement user de son bon plaisir
pour reprendre la mince portion de liberté
qu'elle avait *octroyée* dans un moment
d'absence. Les choix indépendants que la
loi de 1817 avait permis de faire, les dé-

putés désagréables qu'elle avait envoyés à la Chambre, répandirent l'alarme dans les cercles gouvernementaux. L'irritation vint ensuite. Les agents du pouvoir craignaient de voir disparaître, en présence d'une Assemblée moins docile, ce doux arbitraire, ce cher arbitraire, cet intelligent arbitraire, qui tient toujours lieu de talent, de raison et de vertu.

La loi électorale du 29 juin 1820 fut une loi de rancune. Elle supprima le collége unique de département et le scrutin de liste. Elle délaya un gâchis dans lequel s'agitaient un collége spécial de département et des colléges d'arrondissement, plus le scrutin uninominal. L'ordre moral de cé temps-là prétendait sauver ainsi la société qui ne courait aucun danger. Au fond, cette combinaison était l'œuvre d'une coterie qui s'éprenait d'un bel amour pour sa propre autorité. Il s'agissait de conserver des portefeuilles.

Le général Foy disait, en effet, dans la séance du 15 mai 1820 :

« Un ministre puissant alors jugea que si la loi du 5 février continuait à régir les élections, la majorité dans cette Chambre lui échapperait, et il n'hésita pas à sacrifier la loi, et peut-être le pays, au besoin qu'il avait de conserver la puissance. »

Comme on reprochait, pour la forme, au régime électoral de 1817 de placer des colléges nombreux sous le joug d'influences extérieures qui pouvaient amener des excitations, des émotions ou des délibérations tumultueuses, le général Foy répondait :

« Faudra-t-il donc éternellement répéter qu'un certain degré d'agitation tient à l'essence de ce gouvernement (le gouvernement représentatif); et que vous étoufferez la volonté électorale quand, sous le prétexte d'écarter les brigues, vous embarrasserez les communications entre les électeurs, et quand vous gênerez les déductions réciproques propres à suggérer de bons choix? »

Qu'importait au gouvernement! Il avait un parti pris. Le ministre de l'intérieur, M. Siméon, ne s'occupait guère de ces petites considérations. Il soutenait le nouveau projet de loi avec des arguments de bon aloi, qui se recommandent à un de ses successeurs. Ce qu'un ministre de l'intérieur a dit en 1820, un autre pourra le répéter en 1875. Car il n'y a rien à répondre à cela :

« On s'est aperçu que le parti démocratique tendait à prendre une influence plus grande que celle qui doit lui appartenir. On s'est souvenu qu'il n'y a pas encore trente ans (*une date à changer*), le trône fût renversé et la liberté perdue, parce qu'avec des intentions qui étaient bonnes, plusieurs membres des Assemblées constituante et législative se livrèrent avec trop d'abandon à des idées populaires. On a cru que, pour ne pas tomber dans une nouvelle révolution, il fallait, lorsqu'il en est temps encore, *veiller à la manière dont se compose la Chambre plus spécialement appelée à maintenir les intérêts du peuple.* »

À la bonne heure ! euphémisme à part, le gouvernement déclare qu'il entend manipuler les élections. C'est nécessaire, pour conjurer une nouvelle révolution, et indispensable afin de sauvegarder les intérêts du peuple.

La nation apprécia ces bonnes intentions à leur juste valeur. Sa reconnaissance fut peut-être tardive ; mais, en 1830, la Restauration eut la récompense qu'elle méritait.

Si pourtant la monarchie avait écouté, en 1820, les conseils des hommes qu'elle considérait comme ses adversaires, elle aurait éloigné le danger. C'est en courant sus aux libertés civiques, qu'elle marchait à sa perte.

Daunou et beaucoup d'autres lui signa-

lèrent le péril. Ils cherchèrent inutilement
à lui faire comprendre qu'elle allait commettre une faute irréparable. Mais la
corruption électorale était résolue. Le collége unique de département était condamné d'avance. Il fallait avoir des colléges
d'arrondissement et le scrutin uninominal.

C'est en vain que Daunou disait, dans la
séance du 20 mai :

« Sans aspirer à sonder les profondeurs
des doctrines parlementaires, d'où l'on a
pu déduire tout, je serais au moins cu-
rieux d'apprendre d'où procède ce préten-
du droit des arrondissements. S'il s'agissait des communes, je sais qu'il serait possible de les considérer comme des associa-
tions naturelles, comme les éléments
primitifs du territoire de l'État, et de
leur trouver, dans l'histoire, des titres à
certaines prérogatives. Les provinces
jouissaient aussi de certains droits posi-
tifs ; et les départements, par lesquels elles
sont représentées ou remplacées, s'offrent
aujourd'hui comme les grandes divisions,

les sections immédiates du royaume, Mais je crois que l'on aurait peine à retrouver, même dans le régime féodal, dans le tableau des seigneuries ou petites principautés, l'origine de la plupart de nos arrondissements actuels »

Et il ajoutait :

« Dans le projet que vous discutez, les arrondissements administratifs deviennent de petites puissances politiques par droit de territoire ; système qui ne repose, encore une fois, sur aucun fait ni aucune maxime. »

Ce langage, le langage de la raison, ne pouvait pas être écouté. *Quos vult perdere Jupiter dementat.* La loi que M. de Courvoisier appelait « une loi de partis, de complots et de désordres », fut votée. Tel était donc le nouveau régime électoral :

« Art. 1er. Il y a, dans chaque département, un collége électoral de département

et des colléges électoraux d'arrondissement. Néanmoins, tous les électeurs se
réuniront en un seul collége, dans les départements qui n'avaient, à l'époque du 5
février 1817, qu'un député à nommer;
dans ceux où le nombre des électeurs
n'excède pas trois cents; et dans ceux qui,
divisés en cinq arrondissements de sous-
préfecture, n'auront pas au delà de quatre
cents électeurs.

« Art. 2. Les colléges de département
sont composés des électeurs les plus imposés en nombre égal au quart de la totalité
des électeurs du département. Les colléges
de département nomment 172 nouveaux
députés, conformément au tableau annexé
à la présente loi. Ils procéderont à cette
nomination pour la session de 1820.

« La nomination des 250 députés actuels
est attribuée aux colléges d'arrondissements électoraux à former dans chaque
département, en vertu de l'article 1er, sauf
les exceptions portées au paragraphe 2 du
même article. Ces colléges nomment chacun un député, etc. »

4.

Que dire de ce chef-d'œuvre où le ridicule le dispute à la fantaisie ?

Le corps électoral est divisé en colléges dont les droits ne sont même pas égaux. Car l'assemblée privilégiée du quart des plus imposés nomme exclusivement ses représentants, comme collége de département, après avoir déjà concouru aux élections d'arrondissement. La Chambre comprendra désormais des députés de département et des députés d'arrondissement. Elle sera bien composée. Le gouvernement y veillera. C'est si facile quand on a de bons petits colléges et le charmant scrutin uninominal! M. Siméon l'a dit. M. le ministre de l'intérieur empêchera certainement « le parti démocratique de prendre une influence plus forte que celle qui doit lui appartenir. »

L'éteignoir est mis encore une fois sur la liberté électorale. La Révolution est conjurée. Rien n'arrête plus l'essor de la légitimité. La Restauration est immortelle. Elle fait du despotisme. Elle rend des ordonnances. Quelque chose passe dans l'air. C'est le souffle du peuple. La Restauration est enlevée comme une paille.

VIII

Charles X retourna en exil. Une monarchie qui s'appelait « la meilleure des républiques » prit la place de l'ancienne. Le nouveau gouvernement avait contracté des engagements avec la nation. Il était né de la révolution. Le roi-citoyen appartenait à une famille qui ne transigeait pas avec les principes. Le 20 janvier 1793, le duc d'Orléans, père de Louis-Philippe, avait dit à la Convention :

« Uniquement occupé de mon devoir, convaincu que tous ceux qui ont attenté ou attenteront par la suite à la souveraineté du peuple méritent la mort, je vote pour la mort. »

Et c'était le fils de ce régicide qui s'asseyait sur le trône de Louis XVI.

La France, qui connaissait le passé des d'Orléans, pouvait croire qu'elle ne se donnait pas un maître. Le jugement du bonhomme Égalité était presque une garantie. N'avait-il pas frappé le despotisme à la tête ? Or, n'était-ce pas un avertissement ?

Cependant la Charte du 14 août 1830 ne pécha pas par excès de libéralisme. Elle fut surtout circonspecte à l'égard de la chose électorale. L'article 14 disait bien que « la puissance législative s'exerce collectivement par le roi, la Chambre des pairs et la Chambre des députés ; » mais ces députés seraient-ils nommés par les départements ou par les arrondissements ? La Charte ne s'en expliquait pas. La politique des sous-entendus commençait déjà.

Les patriotes ne tardèrent pas à s'apercevoir que l'arbitraire avait été seulement déplacé. La discussion de la loi provisoire du 12 septembre 1830, sur les élections, révéla les tendances des partisans du gouvernement issu des barricades. M. de Vatimesnil, rapporteur de cette loi, avait beau dire, à propos des anciennes circonscriptions électorales :

« On fit violence à l'équite et à la nature des choses pour arriver à d'inconcevables morcellements du territoire, dont le but avoué était d'abandonner quelques colléges aux adversaires pour s'assurer des autres. »

Le système qui devait remplacer celui de la Restauration ne valait guère mieux. La suppression du collége privilégié de département ne faisait pas disparaître les abus que favorisait la circonscription d'arrondissement. Le provisoire ne promettait rien de bon au définitif.

En effet, la loi du 19 avril 1831, rapportée par M. Béranger, ne consacra pas une amélioration sensible au régime électoral. M. Odilon-Barrot pensait, pourtant, que « l'élection par département est la meilleure de toutes les combinaisons. » Il y trouvait « l'intérêt général combiné avec l'intérêt local. » Mais le collége de département ne va pas sans le scrutin de liste; et M. de Vatimesnil ne voulait pas entendre parler de ce mode de votation qui, à l'en croire, présente les plus graves inconvénients.

« Je citerai en premier ordre, disait-il, la muliiplicité des bulletins de liste. Il y a des départements qui élisent douze députés, où il faut écrire douze noms sur son bulletin. Comment voulez-vous qu'avec cette obligation l'élection soit l'expression vraie de l'opinion de chacun des électeurs ? Il se fait nécessairement des compositions entre les électeurs. »

Ces objections vont contre leur but. L'opinion moyenne d'un collége ressort précisément des concessions que les électeurs se font les uns aux autres. Les compositions que redoutait M. de Vatimesnil sont nécessaires. Elles rentrent, d'ailleurs, dans le domaine de la discussion. Vouloir les empêcher, c'est proscrire même la liberté des délibérations.

Dans un collége restreint, il n'y a précisément pas assez de place pour les concessions. Qu'arrive-t-il ? Un parti impose sa volonté sans débat. L'élection n'est pas raisonnée. Elle envoie à la Chambre le député d'un parti, mais non l'homme de la France. C'est le moindre inconvénient du collége d'arrondissement. Les résultats de la loi du 19 avril 1831 l'ont bien prouvé.

En somme, l'avènement de la bourgeoisie aux affaires n'eut pas d'autre conséquence que de substituer, au règne d'une caste privilégiée par sa naissance, l'autorité d'une classe privilégiée par sa fortune. Or, partout où le privilége prospère, le droit périclite. La loi de 1831 n'était certainement pas un hommage rendu au droit. Elle excluait des institutions de

« la meilleure des républiques » la liberté électorale.

Le gouvernement voulait, sans doute, qu'il en fût ainsi. Ses partisans auraient dû se dispenser de chercher de bonnes raisons pour justifier le nouvel état de choses. Ils ne pouvaient, en cette matière, trouver que des arguments mauvais.

M. le duc Decazes, rapporteur à la Chambre des pairs, prétendait que le tort du scrutin de liste est d'obliger les électeurs d'un collége unique « à des déplacements longs et ruineux. » Ils étaient en vérité bien à plaindre, ces électeurs besogneux dont les droits reposaient exclusivement sur la fortune. La révolution de 1830 avait-elle été faite pour épargner aux électeurs des frais de déplacement! M. le duc Decazes était assurément de bonne foi. Mais ses motifs ne valaient pas cher. Ils furent acceptés tels quels. La loi passa avec le collége d'arrondissement et le scrutin uninominal.

« Art. 39. — Chaque collége électoral n'élit qu'un député.

« Le nombre des députés de chaque département et la division des départements en arrondissements électoraux sont réglés par le tableau ci-joint, faisant partie de la présente loi. »

La loi de 1820 avait des colléges privilégiés de département et des colléges d'arrondissement. Celle de 1831 se contentait d'arrondissements électoraux. Le gouvernement en tira, d'abord, un bon parti. Toute élection eut des candidats agréables, « ministériels ; » c'était le mot. Ils triomphèrent souvent. C'est le propre du collége d'arrondissement et du scrutin uninominal de favoriser les candidatures agréables. Au risque de se répéter, il faut dire que, dans le système des circonscriptions réduites, le corps électoral est condamné à subir les influences du pouvoir. L'expérience a été faite maintes fois. Elle a toujours produit les mêmes résultats. Que l'intervention du gouvernement fût couronnée de succès ou non, elle n'en existait pas moins. Et c'est presque dans la nature des choses. Un gouvernement est trop souvent porté à faire de la politique exclusiviste, c'est-à-dire à suivre ses inspirations particulières plutôt que celles de l'opinion publique. Il a dans sa main un personnel de fonctionnaires, d'employés, de budgétivores. Ces gens en place ont intérêt à contrarier tout ce qui pourrait altérer leur situation. Ils cherchent volontiers à se créer des titres à la faveur et à l'avancement. L'élection leur en offre le moyen. Si le gouvernement leur permet ou leur ordonne d'entrer dans cette voie, ils commettront les excès de zèle les plus inimaginables, et leur immixtion aura d'autant plus d'efficacité qu'elle agira sur des électeurs et contre des adversaires moins nombreux.

Mais l'histoire de nos révolutions démontre que le gouvernement qui tolère ou encourage la corruption électorale subit tôt ou tard le châtiment de son immoralité. C'est donc servir un gouvernement que de l'empêcher de mordre au fruit défendu. Ce serait le sauver que de le protéger contre ses propres entraînements, ce qu'il est permis d'appeler le « vertige » du pouvoir. Qu'il n'ait pas de colléges impressionnables, qu'on lui enlève le scrutin uninominal, le gouvernement aura peut-être encore la tentation de se faire juge dans sa cause; qu'importe, s'il n'a pas les moyens de consommer l'usurpation qu'il désire inconsidérément, car il en ferait l'instrument de sa ruine.

La royauté bourgeoise fut imprudente. Elle n'échappa pas à la loi commune. Les abus que renfermait le régime électoral de 1831 finirent, comme toujours, par s'exagérer. Ils rencontrèrent alors des ennemis ardents. L'opposition s'en fit une arme. C'était de bonne guerre. La réforme fut demandée d'abord avec calme. Le gouvernement fit la sourde oreille. Il ne voulait à aucun prix modifier un système d'élection qui était si bien approprié à son usage. De part et d'autre on s'obstina. La réforme s'accentua en raison directe des obstacles qu'elle rencontrait. Elle fut prêchée à la tribune, dans la presse, à table. Il y eut les banquets réformistes.

Un homme de combat, M. Guizot, voulut, pour avoir raison, imposer silence à ses contradicteurs. La réforme cria plus fort que jamais. Elle avait faim et on l'empêchait de manger. Son jeûne forcé aiguisa si extraordinairement son appétit qu'elle dévora la royauté.

La révolution de 1848 avait donc été provoquée par les vices d'un régime électoral qu'un ministre autoritaire refusait de corriger. Cet entêtement eut un beau succès. Il y a là un enseignement à méditer, un exemple à ne suivre pas. Ce serait pousser l'aveuglement un peu loin que de vouloir relever l'édifice toujours

chancelant sous lequel plusieurs gouvernements se sont fait écraser. Le sort de
M. Guizot est-il si enviable?

IX

La monarchie de juillet ayant été renversée au nom de la réforme électorale, le gouvernement provisoire avait à remplir, entre beaucoup d'autres, un devoir spécial, auquel il ne faillit pas. Sans perdre de temps, il rendit, dès le 5 mars, un décret qui coupait le mal dans la racine.

« Art. 5. — Le suffrage sera direct et universel.

. . . .

« Tous les électeurs voteront au cheflieu de leur canton, par scrutin de liste. Chaque bulletin contiendra autant de noms qu'il y aura de représentants à élire dans le département. »

C'est ainsi que s'annonçait la seconde

République française. Oh! l'abominable gouvernement qui, pour ses débuts, supprimait radicalement les pires priviléges et proclamait sans ambages la liberté électorale! L'ancien pays légal n'en fut pas satisfait, mais la nation reprit la possession d'elle-même. Les droits qui lui avaient été confisqués, lui furent restitués. Car c'est encore une mission qui est réservée à la République, de réparer l'injustice des confiscations opérées par la monarchie.

Quoi qu'en disent les détracteurs de la seconde République, ce sera son éternel honneur d'avoir voulu rendre la France à la France. Les manœuvres des factions réactionnaires ont fait dévier la liberté. Elles ont réussi à l'enfermer dans une impasse et à s'en emparer. Soit! Il n'est pas moins vrai que la République l'avait mise au pouvoir et lui avait élevé des autels. Quel est le gouvernement royal ou impérial qui pourrait prétendre en avoir fait autant?

Jusqu'à présent, les partis monarchiques ont eu le tort de croire qu'en écrasant une révolution ils tuaient la République. Ils ont commis beaucoup de fautes et quelques crimes pour arriver à leurs fins. Ils ont enterré plusieurs révolutions. La République a toujours échappé à ses ennemis et leur échappera toujours. C'est que, tout en pouvant devenir un fait politique, elle est d'abord un ensemble d'aspirations dont la résultante est le *Droit;* c'est qu'en passant dans le domaine gouvernemental, elle est appelée à y représenter l'incarnation même du *Droit.* Comme telle, la République peut être méconnue : elle ne meurt pas pour cela. Et, quand la France est fatiguée d'arbitraire, elle n'appelle pas en vain le règne du *Droit,* c'est-à-dire la République. Avec ce génie bienfaisant, arrive la liberté, sa fidèle compagne. Si la politique réussit parfois à se mettre entre eux, la séparation ne sera que momentanée; ils ne tarderont pas à se rapprocher. Ils se réuniront dans la prochaine loi électorale. L'assemblée de 1875 sera, sans doute, assez sage pour éviter les erreurs dans lesquelles est tombée la Chambre de 1850, et qu'elle a si durement expiées. N'eût-elle pas mieux fait de respecter la Constitution de 1848, dont l'article 30 reproduisait purement et simplement les dispositions essentielles du décret de mars.

L'élection par département et au scrutin de liste était maintenue. Au cours de la discussion, MM. Mauret-Ballange et Jules de Lasteyrie avaient présenté un amendement tendant à restaurer le système des circonscriptions électorales. Il s'agissait encore une fois d'opter entre le collége de département et le collége d'arrondissement. Les constituants n'hésitèrent pas. L'amendement fut repoussé sans avoir été, d'ailleurs, sérieusement discuté.

La loi spéciale du 15 mars 1849 ne rejeta pas et, du reste, ne pouvait pas rejeter ce que la Constitution avait mis hors de question, aux termes de l'article 90 :

« Chaque département élit ses représentants au scrutin de liste. »

Si le débat n'avait pas été épuisé, le respect dû à la Constitution n'aurait pas empêché les objections de se produire. Eh bien! ce régime électoral, qu'on semble tant redouter aujourd'hui, fut admis ou plutôt acclamé en troisième lecture, à la majorité de 582 voix contre 3, sur 585 votants. Il serait donc difficile, même en y mettant beaucoup de volonté, de citer une opinion adverse.

A dire vrai, le vote par collége de département et au scrutin de liste avait été tellement favorable aux partis monarchiques qu'ils eussent fait preuve d'une grande ingratitude en ne tolérant pas, une fois par hasard, le libre exercice du droit électoral. Ils en avaient tiré un avantage inappréciable. La majorité leur fut acquise dans l'Assemblée. Mais une si belle situation leur fit perdre la tête. Ils voulaient reconquérir, par un coup de main parlementaire, les priviléges dont la République les avait sevrés. Ils étaient résolus à retourner contre le pays cette majorité qu'il leur avait donnée. Issus de la liberté électorale, ils allaient se hâter de la supprimer. Une faction perfide les poussa dans cette voie. Telle est l'origine de la loi du 31 mai 1850.

Ici recommence une politique d'embûches et de forfaits. Le bonapartisme est à l'œuvre. Il change légèrement les procédés du maître. Les premiers résultats seront les mêmes. La fin sera plus triste. Les partis royalistes ne pourront jamais décliner devant la France la responsabilité d'avoir aidé, par leur conduite égoïste, à l'avénement de l'empire.

La loi du 31 mai fut un appât grossier jeté à l'appétit réactionnaire des royalistes. Ils s'y laissèrent prendre. Ils se croyaient habiles en rayant des listes électorales, par centaines de mille, les citoyens mêmes dont ils tenaient leur mandat. Pauvres hommes d'État! Ils tombaient dans le piége que leur tendait la bande de chevaliers d'industrie qui se préparait à les exploiter. Ce ramassis de gens « perdus de dettes et de crimes, » que quelqu'un a flétri pour jamais, voulait aussi un monarque. Cependant, pour l'honneur des partis monarchiques, il ne faut pas considérer l'empire comme une monarchie.

L'empire, ce n'est pas un gouvernement ; c'est une désorganisation « *sui generis* » qui altéra profondément la vie politique et économique de la France ; c'est un cancer qui rongea notre corps social jusqu'à l'os. Ce fléau sortit de la loi du 31 mai.

S'il convenait de donner à une Assemblée la preuve des dangers auxquels elle s'expose en touchant à la liberté électorale, il suffirait de lui rappeler cette loi du 31 mai. Elle ne modifiait en apparence que l'exercice du vote. Elle ne portait pas atteinte au collége de département ni au scrutin de liste ; mais elle exigeait de l'électeur un domicile de trois ans et cer-

taines preuves d'une nature particulièrement abusive, ni plus ni moins. En résumé, elle violait la Constitution sans en
avoir l'air.

Grâce à ce nouveau système, les listes
électorales furent épurées à fond. Le suffrage ne fut plus universel. Il arriva que
les citoyens, dépouillés de l'exercice de
leurs droits, témoignèrent partout contre
les manœuvres liberticides de l'Assemblée.
Elle en recueillit tant d'impopularité que
le jour où le coup d'État la balaya, le peuple, hélas! laissa presque faire.

Les fauteurs de la loi du 31 mai ne
trouvèrent qu'un bien petit nombre de
défenseurs. Des républicains se firent tuer
non pas pour cette Assemblée antipatrio-
tique, mais pour la loi, chose sainte,
qu'elle représentait si mal. Les républicains sont gens à mourir volontiers en
défendant la loi, même lorsqu'elle a été
dirigée contre eux. Il serait encore temps
de graver sur les tombes de Baudin et de
ses compagnons cette antique inscription :

« Passant, va dire à Sparte que nous sommes morts ici pour obéir aux lois. »

Le guet-apens du 2 décembre aurait triomphé moins facilement si la Chambre ne s'était pas attaquée à la liberté électorale. L'acharnement de la majorité contre le suffrage universel permit au bonapartisme de se couvrir, en quelque sorte, du manteau populaire pour perpétrer son hideux attentat. Lorsqu'un matin, le pays apprit simultanément l'enlèvement de l'Assemblée et le rétablissement du suffrage universel, il fut perplexe. La représentation nationale, c'était la légalité ; mais le suffrage universel, c'était le droit. De quel côté se ranger ? Il y avait matière à hésitation. Or, les criminels comptaient précisément sur l'ambiguïté de cette situation, qu'ils avaient préparée de longue main et qu'ils avaient fait naître grâce au concours inconscient des royalistes. La nation pouvait se croire désintéressée de cette lutte qu'elle considérait, à tort, comme circonscrite entre l'exécutif et le législatif. Elle aurait dû penser qu'un pouvoir qui prend à la gorge une Assemblée, même mauvaise, ne reculerait devant aucun moyen pour faire également prévaloir son autorité contre le peuple, dans le cas où celui-ci chercherait à regimber.

Toutes ces réflexions demandaient du temps. Le coup d'État le savait. Il avait mûri son plan et concerté ses mesures pour agir à l'improviste. Il opéra son mouvement pendant la nuit, avec la rapidité des voleurs de grand chemin qui cernent une diligence au premier signal de leur chef. Les victimes furent surprises. Le colonel Charras avait désarmé son révolver la veille du 2 décembre. M. Thiers fut empoigné. Mais qu'on demande au questeur Baze comment il fut neutralisé! Qu'on interroge les cadavres des promeneurs inoffensifs du boulevard Montmartre! Qu'on suive en province les traces sanglantes des meurtriers! Ces actes de brigandage datent d'hier,

Le bonapartisme préludait ainsi à la liberté électorale. Il ouvrait au suffrage universel des voies inconnues. Le fameux plébiscite eut lieu les 20 et 21 décembre, alors que les dénonciations et les proscriptions allaient toujours leur train. C'était bien là ce régime civique, tel que le futur empire devait le pratiquer. Le résultat n'était pas douteux. Qu'un coquin de sac et de corde, armé jusqu'aux dents, pose à un bon bourgeois ce simple dilemme plébiscitaire : « La bourse ou la vie ; » — le bon bourgeois donnera sept millions cinq cent mille fois sa bourse. Louis-Napoléon Bonaparte enleva donc de vive force sept millions cinq cent mille « Oui. »

Après cela, l'homme sinistre fit sa petite Constitution. Le morceau est touchant.

« Le président de la République,

« Considérant que le peuple français a été appelé à se prononcer sur la résolution suivante : — Le peuple veut le maintien de l'autorité de Louis-Napoléon Bonaparte, et lui donne les pouvoirs nécessaires pour

faire une Constitution d'après les bases
établies dans sa proclamation du 2 décembre ; — Considérant que les bases pro-
posées à l'acceptation du peuple étaient :
— 1° un chef responsable nommé pour dix
ans ; 2° des ministres dépendant du pouvoir
exécutif seul ; 3° un conseil d'Etat formé
des hommes les plus distingués, prépa-
rant les lois, et en soutenant la discussion devant le Corps législatif ; 4° un Corps
législatif discutant et votant les lois, nommé par le suffrage universel, *sans scrutin
de liste qui fausse l'élection ;* 5° une seconde assemblée, formée de toutes les
illustrations du pays, pouvoir pondérateur,
gardien du pacte fondamental et des libertés publiques ; — Considérant que le
peuple a répondu affirmativement par
sept millions cinq cent mille suffrages,

« Promulgue la Constitution dont la te-
neur suit.

. . . .

Le coup d'Etat ne s'endort pas sur ses
lauriers. Il se hâte de supprimer l'élection
au scrutin de liste. Il s'attribue la nomi-

nation des sénateurs. (Art. 20 de la Constitution.)

.Le Sénat peut proposer des modifications à la Constitution ; et, si la proposition est adoptée par le pouvoir exécutif, il y est statué par un sénatus-consulte, c'est-à-dire par une résolution du Sénat. (Art. 31.)

L'assemblée pondératrice comprit bien sa mission. Le sénatus-consulte organique de l'empire ne se fit pas attendre. Un an jour pour jour après son crime, Napoléon le lâche rendait ce décret :

« Art. 1er. — Le sénatus-consulte du 7 novembre 1852, ratifié par le plébiscite des 21 et 22 novembre, est promulgué et devient loi de l'Etat.

« Art. 2. — Louis-Napoléon Bonaparte est empereur des Français sous le nom de Napoléon III. »

Voilà l'épilogue de la loi du 31 mai.

X

La Constitution du 14 janvier 1852 avait rétabli le suffrage universel. Mais l'exercice en fut réglementé de telle sorte que l'élection était condamnée à suivre la volonté du pouvoir. Afin de ne rien laisser au hasard, la faction bonapartiste ne voulut pas que le nouveau système électoral fût élaboré par le Corps législatif. Elle préférait un bon décret, dont elle aurait le loisir de peser les termes et d'interpréter les dispositions suivant sa fantaisie. Le décret organique du 2 février 1852 atteignit le but.

« Chaque département, dit l'article 2, est divisé, par un décret du pouvoir exécutif, en circonscriptions électorales égales en nombre aux députés qui lui sont attribués par le tableau annexé à la présente loi. — Ce tableau sera révisé tous les cinq ans.—Chaque circonscription élit un seul député. »

Par un décret réglementaire du même jour :

« Les colléges et sections sont présidés par les maires, adjoints et conseillers municipaux de la commune ; à leur défaut, les présidents sont désignés par le maire parmi les électeurs sachant lire et écrire. — A Paris, les sections sont présidées, dans chaque arrondissement, par le maire, les adjoints ou les électeurs désignés par eux. » (Art. 13.)

Il eût été plus simple de dire que les présidents des colléges et des sections seraient à la dévotion du pouvoir exécutif, car c'est lui qui nommait les maires et adjoints. Il désignait également le président et les vice-présidents du Corps législatif. (Art. 4 de la Constitution.)

Les départements furent découpés en circonscriptions capricieuses. Foin du collége de département et du collége d'arrondissement ! Le bonapartiste ne pouvait être sûr de son affaire qu'en fabriquant de toutes pièces les circonscriptions électorales. Il fallait accoler telle ville, tel canton ou tel arrondissement émancipé à une région soumise. Cela fut savamment exécuté. Le collége s'appela l'arrondissement électoral. Désormais la France marchera.

Le pouvoir exécutif tient tous les fils de la trame électorale. Le pays est enserré dans une camisole de force. Il devient inerte. C'est un pantin dont la main du maître fait mouvoir les articulations.

Alors, le despotisme s'engraisse à plaisir. Le peuple s'atrophie. L'empire est florissant. Il fait les élections comme il les entend. Il n'a pas de contrôle à redouter.

Les candidatures officielles obtiennent toujours, à la faveur du scrutin uninominal et de l'arrondissement électoral, des majorités imposantes. La Chambre des députés, choisis par l'empire, se garde bien de lui demander des comptes. Vive Dieu! le beau temps et l'heureux régime!

Au moment du vote, le pouvoir donne ses ordres. Dans chaque arrondissement électoral, les nombreux sujets de l'administration sont tenus, sous peine de destitution, de déployer une activité dévorante. Préfets, sous-préfets, maires, adjoints; commissaires de police, gardes champêtres; inspecteurs de l'enseignement, professeurs, maîtres d'école; ingénieurs, agents-voyers, piqueurs, cantonniers; receveurs des finances, percepteurs, comptables; receveurs des contributions indirectes, employés de la régie; officiers de gendarmerie, gendarmes; tout ce monde marche au doigt et à l'œil. Il s'agit : pour les uns, d'avoir un bel avancement; et, pour les autres, de ne pas perdre leur morceau de pain. L'empire ne badine pas.

Promesses, menaces, séduction, intimidation, tout est mis en œuvre pour faire triompher la candidature officielle. Le suffrage universel n'est plus que la corruption universelle. Ces faits sont acquis .à l'histoire. Mais quiconque n'a pas vu de près les rouages et la manœuvre de la machine à voter n'a rien vu.

C'est à ce degré d'abjection que peut tomber le corps politique lorsqu'il est soumis au régime du scrutin uninominal et de l'arrondissement électoral.

De temps à autre, l'empire améliore sa méthode. Il invente des complots, des conspirations, des émeutes. Il affirme, à une moitié de la nation, que la seconde moitié médite le partage des biens. Il prouve que si telle candidature réussissait, la loi agraire passerait. Il agite le spectre de Romieu. Le cas est prévu par le Code pénal : « Excitation à la haine des citoyens les uns contre les autres. »

Afin de s'entretenir la main, le bonapartisme s'acharne parfois sur le cadavre électoral. Il craint peut-être, aussi, que

Lazare ne se redresse. Ce pouvoir maudit s'impose non-seulement aux députés, mais encore aux candidats. Le sénatus-consulte du 17 février 1858 attache le boulet de l'empire aux pieds des candidats.

« Art. 1er. — Nul ne peut être élu au Corps législatif si, huit jours au moins avant l'ouverture du scrutin, il n'a déposé, soit en personne, soit par un fondé de pouvoir en forme authentique, au secrétariat de la préfecture du département dans lequel se fait l'élection, un écrit signé de lui, contenant le serment formulé dans l'article 16 du sénatus-consulte du 25 décembre 1852. — L'écrit déposé ne peut, à peine de nullité, contenir que ces mots : » *Je jure obéissance à la Constitution et fidélité à l'empereur.* » — Il en est donné récépissé. »

L'asservissement du collége et du scrutin ne suffit pas. Tous les candidats sont obligés à endosser la livrée impériale. Les hommes, qui n'ont pas reculé devant

BIBLIOTHÈQUE NATIONALE R. F. IMPRIMÉS

6

ce dur sacrifice afin de poursuivre la dé-
testable faction jusque dans ses repaires,
sont dignes d'admiration. Ils voulaient
sauver la France. Ils combattaient encore
l'empire avec le tronçon d'arme qui leur
restait. Taut d'abnégation méritait un
meilleur sort.

Le dénoûment arrive, et mon courage
s'en va, la sentine impériale m'épou-
vante.

Napoléon, l'impératrice et le petit Louis
ont besoin d'une guerre. La majorité de la
Chambre, élue au scrutin uninominal par
les arrondissements électoraux, fait ce
qu'elle peut. Elle opine du bonnet. Notre
armée n'est pas nombreuse. Nos arsenaux
sont vides. L'empire prétend qu'il est prêt.
Il a été insulté. Il a des alliances. Il a
reçu des dépêches, etc., etc. La majorité de
la Chambre le croit sur parole. Elle ne
contrôle rien. Et de quel droit contrôlerait-
elle le pouvoir qui l'a fait nommer ?

La guerre est déclarée. Nos soldats se

battent comme des lions. Les uns meurent lorsqu'ils ont brûlé leurs dernières cartouches. Les autres , aussi braves, mais moins heureux,

Par la main d'un bandit rendirent leur épée.

Pauvre Alsace ! pauvre Lorraine ! pauvre France !

XI

Le scrutin uninominal, la circonscription d'arrondissement et l'arrondissement électoral sont jugés. Ils n'ont jamais été que les instruments de l'absolutisme ministériel ou gouvernemental. Ils ont toujours, à force d'excès, conduit leurs maîtres à l'abîme ; la Restauration et la monarchie de juillet peuvent en témoigner. Ils ne favorisent que la démoralisation et la corruption ; exemple : l'empire. Ce sont aussi des armes de partis. Ils ont été les auxiliaires de toutes les usurpations et les alliés de tous les abus. La liberté n'a pas de pires ennemis. Dans leur acharnement, ils n'ont guère hésité à frapper la France pour tuer la liberté.

Il faut en finir.

La France a déjà traversé trop d'épreuves. Elle a expié trop cruellement le nihilisme politique. Elle a trop souffert du règne des subterfuges électoraux. Elle a été mûrie par la plus impitoyable expérience, celle qui s'acquiert dans le malheur.

La France veut s'appartenir désormais. Elle est résolue à dicter des lois à ses gouvernants. C'est son droit. Que personne ne le lui discute!

L'autocratie et l'oligarchie n'ont-elles pas eu leur temps? Elles se sont tour à tour emparées de la grande nation, et, de chute en chute, elles l'ont laissée à terre. Qui donc l'a relevée, si ce n'est la France elle-même? Que sont devenus les sauveurs attitrés de la patrie, lorsque la patrie était sur le point de périr? Ils ont déserté leur poste.

Ce peuple qui, se sentant abandonné, a ressaisi sa liberté pour courir aux armes, est digne de la conserver. Il tient à ne plus la perdre, car c'est grâce à elle qu'il arracha des mains de l'étranger l'honneur, le vieil honneur français. Les milliards sont partis. Ils reviendront. Mais l'honneur est un bien plus précieux. Si la France l'avait perdu, elle ne l'aurait plus retrouvé.

La France conservera sa liberté, comme elle a gardé son honneur. Elle a besoin de ce régime fortifiant dont un peuple robuste ne peut se passer. Elle aura des élections libres et des colléges indépendants.

Tous les hommes de cœur, tous ceux qui ont encore le sentiment de la patrie, vont se rapprocher. Ils dissiperont les malentendus. Ils comprendront qu'en présence d'un peuple qui veut fermement reconquérir sa place dans le monde, les combinaisons étroites des anciennes factions doivent disparaître. Ils se feront au besoin ces concessions réciproques, contre lesquelles M. de Vatimesnil avait le tort de s'élever. Ils formeront enfin, non pas un parti, mais un immense groupe national qui restaurera le génie de la France par la liberté.

Les bases de leur œuvre patriotique seront le collége de département et le scrutin de liste.

PARIS. — IMP. NOUV. (ASSOC. OUV.), 14, RUE DES JEUNEURS
G. MASQUIN ET Ce